AF312739

CATALOGUE

DES

Objets d'Art & d'Ameublement

Faïences et Porcelaines

TABLEAUX et GRAVURES

PENDULES ET BRONZES

MEUBLES — ÉTOFFES

ANCIENNES TAPISSERIES DE BEAUVAIS

ORNEMENTS D'ÉGLISE

BIBLIOTHÈQUE

ARGENTERIE — DIAMANTS — LINGE

VOITURES — HARNAIS

VINS FINS

ORANGERS - POMPE A INCENDIE

Nombreux objets divers

GARNISSANT LE CHATEAU DE BEAUMONT

et dont la Vente aura lieu

au Château de Beaumont, commune de Beaumont-la-Ronce

(INDRE-ET-LOIRE)

*Les 14, 15, 16, 19, 20, 22, 23, 24, 26, 27, 28 Avril 1903
et jours suivants, s'il y a lieu*

A UNE HEURE DE RELEVÉE

Par le ministère de M⁰ CHAUVIN, notaire à Tours

Boulevard Béranger, n° 6 bis

ASSISTÉ DE

M. CHAMPIGNEUX, expert, à Tours, rue de Clocheville, n° 8

EXTRAIT DES CONDITIONS DE LA VENTE

Elle sera faite au comptant.

Les acquéreurs paieront dix pour cent en sus des prix d'adjudication.

L'exposition permettant de se rendre compte de l'authenticité et de l'état des objets, il ne sera admis, une fois l'adjudication prononcée, aucune réclamation pour quelque cause que ce soit.

COMMUNICATIONS

Beaumont-la-Ronce est à 20 k. de Tours et à 10 k. de la station de Saint-Antoine-du-Rocher.

M. Bennevault, voiturier, correspondant du chemin de fer, maître de l'Hôtel des Trois-Marchands, à Beaumont-la-Ronce, se tiendra les jours de vente, à la station de Saint-Antoine-du-Rocher, à l'arrivée du train parti de Tours, à 11 h. 12, à la disposition des personnes qui voudraient user de ses services.

Un service de voitures automobiles, de Tours à Beaumont et *vice-versa*, sera organisé par un propriétaire, les 22, 23 et 24 Avril 1903, et comprendra une ou deux voitures qui partiront chacun de ces trois jours, à midi précis, de l'Hôtel de l'Univers, 5 et 7, boulevard Heurteloup, et repartiront de Beaumont, aussitôt après chaque séance. — Le nombre des places étant limité, prière de se faire inscrire d'avance, au bureau de l'Hôtel de l'Univers, en versant le prix de chaque voyage, soit 6 fr. par billet aller et retour, ou 4 fr. par billet simple (aller ou retour).

ORDRE DES VACATIONS

MARDI 14 AVRIL 1903

Batterie de cuisine. — Objets divers garnissant les cours,
la buanderie, les greniers.

MERCREDI 15 AVRIL 1903

Meubles garnissant les chambres de domestiques. —
Objets divers.

JEUDI 16 AVRIL 1903

Linge de maison et de service. — Draps, services de
table, serviettes, lingerie d'office.

DIMANCHE 19 AVRIL 1903

Meubles de salle à manger et de bureau (catalogue n° 49
à 80). —
Vaisselle courante, verrerie, objets variés.

LUNDI 20 AVRIL 1903

Meubles de chambres à coucher (n°° 43 à 48. 81 à 217 .
Objets d'étagère, objets variés.

MERCREDI 22 AVRIL 1903

Argenterie, diamants (n°° 339 à 410 .
Meubles de salon (n°° 1 à 42).

JEUDI 23 AVRIL 1903

Tableaux, gravures, miniatures. éventails. tapisseries
(n°° 411 à 483 .

VENDREDI 24 AVRIL 1903

Armes. porcelaines, objets variés, bronzes (n°° 218 à 338).

DIMANCHE 26 AVRIL 1903

Voitures, harnais, vins en cercles. futailles, alambic.
romaine-bascule à fûts pleins, pompe à incendie. 28 orangers, 27 lauriers doubles, 2 citronniers, plantes de serres,
châssis de jardin, chariot à transporter les orangers.

LUNDI 27 AVRIL 1903

Vins en bouteilles, vins fins et liqueurs.

MARDI 28 AVRIL 1903

Collection de minéraux. — Bibliothèque.

Continuation les jours suivants, s'il y a lieu. pour les
objets non épuisés.

DÉSIGNATION

MEUBLES

1. — Meubles de salon, en merisier. Époque de l'Empire. Couverts en velours rouge frappé, comprenant : deux canapés d'angle, six fauteuils, huit chaises.

2. — Fauteuil garni d'étoffe imitant la tapisserie. Style Louis XIII.

3. — Autre fauteuil semblable.

4. — Fauteuil confortable, garni en velours vert frappé.

5. — Table ronde acajou. Époque Empire.

6. — Table à X, dessus octogone. Époque Louis XIII.

7. — Paravent entièrement recouvert velours vert frappé.

8. — Autre paravent semblable, mais plus petit.

9. — Petite table ronde à casiers. Noyer.

10. — Confortable garni de reps grenat.

11. — Table chêne, dessus bois blanc. Style Louis XIII.

12. — Deux chauffeuses, couvertes en tapisserie. Style Louis XIII.

13. — Chaise longue en trois parties, couvertes velours rouge frappé. Époque Louis XV.

14. — Table, torse en chêne, dessus bois blanc. Style Louis XIII.

15. — Jardinière bois noir à six pieds. Époque Louis XIII.

16. — Petite table à jeu; pieds de biche, en chêne.

17. — Canapé acajou. Époque Empire.

18. — Guéridon à trois pieds, garni bronze doré, dessus marbre mosaïque. Époque Empire.

19. — Vitrine bois de rose et palissandre. Style Louis XVI.

20. — Petit meuble laqué à casiers.

21. — Piano de Pleyel, bois noir.

22. — Table en chêne, dessus bois blanc. Style Louis XIII.

23. — Table pliante noyer, pieds tournés.

24. — Fauteuil garni velours, dossier garni cuir. Époque Louis XVI.

25. — Tabouret de piano, bois noir.

26. — Petit cabinet. Décorations fleurs sur fond vert.

27. — Quatre fauteuils chêne. Style Louis XIII.

28. — Grand bureau à portes et tiroirs, chêne.

29. — Écran à tableau.

30. — Bibliothèque, bois de plaquage. Style Louis XVI.

31. — Petite table à thé, acajou ; monture pliante.

32. — Tric-trac acajou. Époque Louis XVI.

33. — Table bouillotte acajou, filets cuivre.

34. — Vitrine bois de rose et palissandre. Style Louis XVI.

35. — Huit chaises, dossier carré à moulure, pieds cannelés, garnies velours jaune frappé. Époque Louis XVI.

36. — Trois fauteuils semblables.

37. — Écran acajou. Époque Empire.

38. — Chevalet acajou à têtes de cygne. Époque Empire.

39. — Écran chinois, incrustations nacre.

40. — Table, style Louis XIII.

41. — Petit cabinet Chinois, incrustations nacre.

42. — Table à jeu acajou. Époque Empire.

43. — Chambre à coucher acajou et bronze doré, époque Empire, composée de : Un lit, une toilette, une commode, un secrétaire, quatre fauteuils couverts en velours jaune frappé.

44. — Table de nuit acajou, dessus marbre.

45. — Bureau à cylindre, dessus porte grillée, pieds cannelés, mérisier époque Louis XVI.

46. — Fauteuil confortable capitonné.

47. — Chambre à coucher, époque Empire, composée de : Un lit à colonnes garnies de bronze, un secrétaire à têtes de femme bronze doré, une commode boutons bronze doré.

48. — Deux fauteuils peints en noir. Époque Louis XVI.

49. — Table console sculptée à quatre pieds de biche, dessus marbre royal. Époque Louis XIV.

50. — Salle à manger composée de : Un grand buffet
vitré sculpté. — Table chêne pieds torses à ral-
longes. — Table carrée pieds torses. — Vingt-
quatre chaises en chêne, pieds tournés, couvertes
cuir.

51. — Buffet à étagères. Acajou.

52. — Buffet semblable.

53. — Petite table servante.

54. — Paravent à trois feuilles, étoffe rouge.

55. — Table à thé palissandre. Style Louis XV.

56. — Portemanteau chêne.

57. — Petite table ovale, pieds pliants.

58. — Bergère, dossier rond à moulures, garnie de
coussins.

59. — Deux fauteuils dossier carré à moulures, garnis
cretonne. Époque Louis XVI.

60. — Table à ouvrage bois noir filets cuivre. Style
Louis XV.

61. — Chauffeuse acajou. Tapisserie au point.

62. — Deux petites chaises, dossier carré à moulures,
garnies cretonne. Époque Louis XVI.

63. — Fauteuil de bureau canné. Époque Louis XV.

64. — Cartonnier acajou. 1830.

65 — Commode acajou, poignées carrées, dessus vitré.
Époque Louis XVI.

66. — Cartonnier en noyer ; bas s'ouvrant à trois
portes.

67. — Fauteuil acajou garni étoffe rouge. Époque Empire.

68. — Vitrine acajou pour être suspendue.

69. — Fauteuil Voltaire acajou, garni de reps grenat.

70. — Fauteuil acajou, bras à têtes de dauphin. Époque Empire.

71. — Grand bureau bois noir, filets et moulures du dessus en cuivre. Époque Louis XIII.

72. — Fauteuil acajou, dossier recouvert.

73. — Meuble à deux portes. Style Louis XV.

74. — Table à volets acajou.

75. — Table à jeu acajou. Époque Empire.

76. — Meuble servant de cartonnier et coffre-fort.

77. — Grand buffet acajou, poignées et entrées cuivre. Époque Louis XIII.

78. — Coffre à bois en chêne ; pieds Louis XV.

79. — Grande vitrine en acajou à six portes, et casier à cartons à chaque extrémité.

80. — Armoire en chêne. Époque Louis XIV.

81. — Lit peint blanc. Style Louis XVI.

82. — Quatre fauteuils, Louis XVI, à colonnettes, pieds cannelés, sculptures à rais de cœur, garnis cretonne à fleurs.

83. — Table à jeu acajou : patins colonne, avec cercles bronze doré.

84. — Commode acajou, pieds cannelés, chutes, sabots et entrées bronze doré, dessus marbre blanc. Époque Louis XVI.

85. — Table chêne, pieds torses.

86. — Petit guéridon à colonnes. Époque Louis XIII.

87. — Secrétaire acajou, dessus marbre blanc. Époque Louis XVI.

88. — Fauteuil Voltaire, couvert velours rouge.

89. — Table bureau acajou.

90. — Chiffonnier bois de rose. Style Louis XVI.

91. — Chiffonnier semblable.

92. — Lavabo marbre blanc, dessous pitch-pin.

93. — Lit sculpté à colonnes. Époque Henri II.

94. — Crédence sculptée. Époque Henri II.

95. — Deux fauteuils, chêne sculpté, couverts peluche grenat ; style gothique.

96. — Deux chaises, même style.

97. — Guéridon à colonnes. Époque Louis XIV.

98. — Bureau palissandre. Style Louis XIII.

99. — Jardinière Louis XIII.

100. — Prie-Dieu sculpté ; style gothique.

101. — Stalle même style.

102. — Commode garnie de bronze, dessus bois. Époque Louis XIII.

103. — Deux fauteuils confortables, bois recouvert, et un canapé.

104. — Table pieds torses et pendentifs. Époque Louis XIII.

105. — Glace. Style Louis XIII.

106. — Commode bois de rose, — bronze doré, dessus marbre. Époque Louis XVI.

107. — Deux fauteuils, et deux chaises. Époque Louis XVI.

108. — Fauteuil confortable; bois recouvert.

109. — Deux secrétaires bois de rose, garnis de bronze. Style Louis XVI.

110. — Table à ouvrage, bois de rose. Style Louis XVI.

111. — Table à ouvrage, bois de rose. Style Louis XV.

112. — Guéridon à colonne. Époque Louis XIII.

113. — Bureau à cylindre pieds carrés, en acajou, dessus à galerie. Époque Louis XVI.

114. — Lit à colonnes, garni bronze doré et ciselé. Époque Empire.

115. — Meuble acajou à deux portes et colonnes sur la façade, garni bronze doré. Époque Empire.

116. — Meuble semblable.

117. — Glace. Style Louis XVI.

118. — Commode acajou, garnie bronze doré et ciselé, dessus marbre. Époque Empire.

119. — Psyché cadre noyer.

120. — Fauteuil confortable, couvert en reps grenat.

121. — Deux fauteuils, et deux chaises, acajou. Époque Empire.

122. — Fauteuil de bureau acajou. Époque Empire.

123. — Table poudreuse, dessus marqueterie à fleurs. Style Louis XV.

124. — Fauteuil confortable, couvert cretonne.

125. — Petite psyché acajou. Époque Empire.

126. — Petite psyché acajou, filets cuivre. Époque Empire.

127. — Grand fauteuil acajou. Tapisserie au point.

128. — Petit secrétaire acajou, colonnes avec bronze doré. Époque Empire.

129. — Petit bureau « Bonheur du jour » dessus vitré et galerie. Époque Louis XVI.

130. — Deux fauteuils et deux chaises acajou. Époque Empire.

131. — Chambre laquée blanc. Époque Louis XVI, composée de : Un lit, une bergère, quatre fauteuils, deux chaises garnies cretonne bleue.

132. — Toilette psyché acajou dessus marbre, garnie bronze doré. Époque Empire.

133. — Commode à deux tiroirs, marqueterie de cubes et étoiles, bronze doré, dessus marbre. Époque Louis XVI.

134. — Secrétaire en marqueterie de cubes et losanges, bronze doré, dessus marbre. Époque Louis XVI.

135. — Petite table, bois de rose, couverte dessus drap. Style Louis XV.

136. — Deux fauteuils et deux chaises, dossier carré à moulures. Époque Louis XVI.

137. — Bergère dossier carré à moulures. Étoffe grenat. Époque Louis XVI.

138. — Petite table, pieds torses. Style Louis XIII.

139. — Secrétaire acajou, demi-colonnes, dessus marbre. Époque Empire.

140. — Deux fauteuils confortable.

141. — Fauteuil et bergère Empire, acajou, bras à têtes de dauphin, garnis de cretonne. Époque Empire.

142. — Commode acajou, dessus marbre.

143. — Prie-Dieu, tourné, palissandre.

144. — Commode Louis XIV, garnie de bronze doré dessus marbre.

145. — Bureau à dos d'âne, palissandre. Époque Louis XV.

146. — Une bergère, deux fauteuils, une chaise, dossier carré à moulures, laqué blanc, couverts cretonne. Époque Louis XVI.

147. — Armoire à glace acajou.

148. — Lavabo en marbre blanc, dessous pitchpin.

149. — Commode garnie bronze doré, dessus marbre. Style Louis XIV.

150. — Commode à deux tiroirs, attributs de musique et d'oiseaux sur la façade, vases avec draperie sur les côtés, garnis de chutes ; sabots, poignées, entrées et cul-de-lampe en bronze doré et ciselé; dessus marbre. Époque Louis XVI.

151. — Glace Louis XIII.

152. — Secrétaire bois de rose et palissandre, dessus marbre. Style Louis XV.

153. — Deux commodes avec deux tiroirs, palissandre, cuivre doré, dessus marbre. Époque Louis XV.

154. — Commode sculptée dessus bois, poignées bronze. Époque Louis XIV.

155. — Chaise longue sculptée couverte étoffe grenat. Époque Louis XV.

156. — Prie-Dieu en chêne. Époque Louis XIII.

157. — Table de nuit. Époque Louis XIII.

158. — Casier tournant, noyer.

159. — Chauffeuse couverte velours grenat. Style Louis XIII.

160. — Étagère d'angle.

161. — Deux chaises, couvertes étoffe grenat. Style Louis XIII.

162. — Deux étagères chinoises.

163. — Fauteuil confortable, garni étoffe grenat.

164. — Coffret sculpté. Style Renaissance.

165. — Grand bureau ministre, fabrication anglaise.

166. — Deux fauteuils sculptés et cannés. Époque Louis-XIV.

167. — Lit à colonnes. Époque Louis XIII.

168. — Chiffonnier bois de rose et palissandre, dessus marbre. Style Louis XV.

169. — Commode à trois rangs de tiroirs, marqueterie de bois de rose et palissandre, garnie bronze doré, dessus marbre. Époque Louis XVI.

170. — Table pieds torses. Style Louis XIII.

171. — Canapé et fauteuil recouverts cretonne rouge.

172. — Bureau bois noir, poignées cuivre, casiers. Époque Louis XIV.

173. — Haut de bahut, bois sculpté. Époque Louis XIII.

174. — Horloge boîte acajou. Époque Louis XIII.

175. — Armoire en chêne. Époque Louis XIV.

176. — Lavabo en marbre.

177. — Commode à colonnes, noyer, garnie cuivre. Époque Empire.

178. — Secrétaire acajou dessus marbre. Époque Empire

179. — Commode semblable.

180. — Deux fauteuils, laqués noir, garnis cretonne. Époque Louis XVI.

181. — Fauteuil Voltaire acajou.

182. — Deux fauteuils dossier carré à moulures peints en noir. Époque Louis XVI.

183. — Commode acajou à colonnes, bronze doré, dessus marbre. Époque Empire.

184. — Secrétaire semblable.

185. — Toilette acajou à têtes de sphynx, dessus marbre. Époque Empire.

186. — Deux fauteuils, médaillon, laqué blanc. Époque Louis XVI.

187. — Armoire en chêne. Époque Louis XIII.

188. — Meuble Boule, incrustations cuivre et écaille, garni bronze. Époque Louis XIV.

189. — Commode en bois de chêne, garnie bronze dessus marbre. Époque Louis XV.

190. — Lit à colonnes acajou. Époque Empire.

191. — Salon acajou, époque Empire, composé de : Un canapé, deux bergères, quatre fauteuils, quatre chaises.

192. — Trois fauteuils sculptés. Style Louis XV.

193. — Deux chaises chêne. Style gothique.

194. — Une bergère et deux fauteuils acajou, bras à têtes de dauphin. Époque Empire.

195. — Table bois noir, pieds torses. Style Louis XIII.

196. — Deux panneaux sculptés.

197. — Quatre fauteuils et une chaise cannés et sculptés. Époque Louis XIV.

198. — Deux fauteuils acajou, à têtes de sphynx. Époque Empire.

199. — Bergère pieds cannelés. Époque Louis XVI.

200. — Six fauteuils, dossier carré à moulures. Époque Louis XVI.

201. — Trois fauteuils, laqué blanc. Époque Louis XVI.

202. — Trois fauteuils, dossier rond à moulures, pieds cannelés. Époque Louis XVI.

203. — Deux fauteuils acajou, garnis tapisserie à la main. Époque Empire.

204. — Huit chaises, dossier carré à moulures. Époque Louis XVI.

205. — Deux chaises acajou. Époque Empire.

206. — Six fauteuils et trois chaises, merisiers, couverts velours rouge frappé. Époque Empire.

207. — Toilette acajou. Époque Louis XVI.

208. — Lot de baguettes, sculptées dorées. Époque Louis XVI.

209. — Psyché acajou. Époque 1830.

210. — Glace dorée sculptée. Époque Louis XVI.

211. — Chiffonnier acajou, poignées carrées. Époque Louis XVI.

212. — Secrétaire à colonnes, merisier, garni bronze, dessus marbre. Époque Empire.

213. — Chiffonnier noyer, boutons cuivre, tiroirs, dessus bois.

214. — Deux fauteuils merisier, style Louis XV.

215. — Vitrine en pitchpin à deux portes.

216. — Secrétaire merisier, à colonnes, garni bronze, dessus marbre. Époque Empire.

217. — Quatre panneaux sculptés, gothiques, xvᵉ siècle, et lot de bois doré et sculpté.

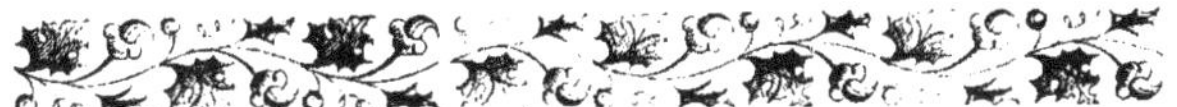

ARMES

218. — Tromblon Louis XIV, garniture argent, batterie ciselée et gravée, signée Gironimo Mutti.

219. — Fusil à deux coups, percussion centrale, calibre 12 — et un canon double de rechange, calibre 16. Canon damas.

220. — Fusil à percussion centrale à trois canons : deux, calibre 16, lisses et un calibre 11 millimètres rayé, Signé : Oberhammer à Munich. Canon damas.

221. — Carnadière, percussion centrale, calibre 8. Canon damas.

222. — Quatre revolvers, différents modèles.

223. — Deux fusils, dont un Arabe.

224. — Lot d'armes, sabres, deux lances, vieux fusils, vieilles munitions.

PORCELAINES

225. — Important service en porcelaine blanche dorée
de la Manufacture Impériale de Sèvres, composé
d'environ trois cent trente-cinq pièces. Époque de
l'Empire.

226. — Deux cache-pots en porcelaine blanche dorée,
de la manufacture Impériale de Sèvres. Époque de
l'Empire.

227. — Tasse et soucoupe, porcelaine de Saxe, décors
fleurs.

228. — Deux cache-pots et dessous, porcelaine de Blois.

229. — Potiche en ancienne faïence de Delft.

230. — Deux statuettes biscuit : Uranie et Flora.

231. — Pot à tabac. Japon bleu.

232. — Potiche polychrome, porcelaine du Japon.

233. — Petite statuette de jardinier en ancienne faïence
polychrome.

234. — Statuette de vendangeuse, porcelaine.

235. — Deux tasses, deux soucoupes, théière et pot à
lait, ancienne porcelaine tendre de Sèvres, décors
myosotis.

236. — Petit pot à lait, porcelaine de Clignancourt.

237. — Deux statuettes biscuit.

238. — Tasse et soucoupe, porcelaine Empire, doré sur fond bleu.

239. — Déjeuner porcelaine dorée de Sèvres.

240. — Deux bustes en plâtre montés sur socle en biscuit, époque Louis XVI.

241. — Assiette porcelaine tendre, décorée fleurs.

242. — Tasse et soucoupe, Empire, porcelaine dorée.

243. — Petit buste de Louis XIV, biscuit.

244. — Petit médaillon du Comte d'Artois.

245. — Petit médaillon de Louis XVIII.

246. — Deux vases porcelaine Empire, dorés sur fond bleu.

247. — Vase Empire porcelaine dorée sur fond rose avec portrait de femme, pied fracturé.

248. — Petite boite en cristal taillé, portrait du duc de Reichstadt.

249. — Deux grandes potiches, porcelaine vieux Japon, décors polychrome. Col garni bronze doré.

250. — Petite boite en agathe, montée argent.

251. — Petit mosaïque : Chasse au cerf.

252. — Deux potiches anciennes, dessins bleus sur fond blanc.

253. — Mosaïque italienne représentant Saint-Pierre de Rome, cadre ébène et écaille.

254. — Grand plat octogone porcelaine de Chine, famille rose.

255. — Jardinière ronde porcelaine, décors fleurs, genre Saxe.

256. — Deux vases porcelaine du Japon.

257. — Jardinière porcelaine.

258. — Cache-pot, dessin bleu sur fond blanc.

259. — Encrier faïence.

260. — Papeterie faïence.

261. — Deux vases porcelaine Empire.

262. — Paire de petites potiches, porcelaine de Chine, famille rose.

263. — Plat en ancienne faïence de Delft.

264. — Important service de table, décoré bleu, armoirié.

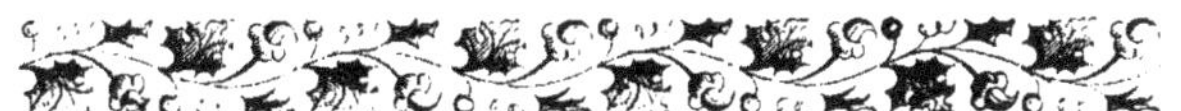

OBJETS VARIÉS

265. — Baromètre Louis XVI doré et sculpté.

266. — Coupe marbre rouge.

267. — Coffret en fer Louis XIII.

268. — Petit modèle de charrue vigneronne.

269. — Dix bois de cerfs à diviser.

270. — Quatre panneaux chinois, incrustations nacre.

271. — Cinq panneaux chinois bois peint et doré.

272. — Porte-parapluies en faïence.

273. — Cabaret Empire, bronze doré, cristaux.

274. — Trois plateaux laqués.

275. — Petit plateau chinois incrustations nacre.

276. — Poêle à pétrole.

277. — Christ en ivoire.

278. — Un appareil de chauffage « Salamandre ».

279. — Une plaque émail d'Avisseau fils, représentant
Saint-Hubert.

280. — Un goniomètre.

BRONZES

281. — Deux flambeaux bronze.

282. — Deux flambeaux bronze tourné.

283. — Deux chandeliers bronze. Louis-Philippe.

284. — Surtout de table ovale, bronze argenté. Louis XVI.

285. — Deux chenets. Louis XIII.

286. — Deux flambeaux. Louis XIV.

287. — Deux flambeaux. Louis XIV, bronze argenté.

288. — Jardinière bronze japonais.

289. — Petit encrier, bronze doré, forme bateau. 1830.

290. — Lustre hollandais.

291. — Deux grands landiers, boules et mascarons. Époque Louis XIII.

292. — Deux flambeaux Louis XVI argentés.

293. — Garniture de cheminée, bronze brun et bronze doré, Empire ; composée de deux buires, une pendule. Sujet : Petit amour.

294. — Deux flambeaux Louis-Philippe, bronze doré.

295. — Garniture de cheminée, bronze et marbre, composée de : Une pendule, deux coupes et deux flambeaux.

296. — Deux petits flambeaux Louis XVI.

297. — Deux petits brocs et arrosoir en nickel.

298. — Deux flambeaux.

299. — Petite pendule Louis XVI, forme puits.

300. — Deux petits flambeaux Louis XVI, cannelés.

301. — Deux flambeaux Empire.

302. — Deux flambeaux Louis XIII.

303. — Cache-pot ancien, cuivre repoussé.

304. — Deux flambeaux Empire.

305. — Pendule à colonnes bronze doré. Empire.

306. — Deux flambeaux Louis XIV, bronze argenté.

307. — Petit lion sur socle bronze. Empire.

308. — Lustre Louis XIV à six lumières bronze doré avec pyramides et plaquettes.

309. — Deux candélabres Louis XVI, à trois lumières bronze doré supportés par des statuettes de femmes, bronze à patine brune. Socle marbre blanc orné de guirlandes de lierre, tête de bélier et feuille d'eau bronze doré.

310. — Bustes de Henri IV et Sully, bronze à patine brune, socle marbre blanc et bronze doré. Époque Louis XVI.

311. — Deux flambeaux Louis XVI, bronze doré.

312. — Petit baromètre monture bronze.

313. — Flambeau bouillotte à trois lumières, bronze argenté avec abat-jour. Époque Louis XVI.

314. — Garniture de cheminée Empire. Candélabres à trois lumières bronze doré supportées par des victoires, bronze vert patiné, socle carré, base et appliques bronze doré. Pendule avec sujet : Les adieux d'Hector : avec bas-relief représentant le même sujet, tout en bronze doré.

315. — Deux flambeaux Louis-Philippe bronze doré.

316. — Deux petits flambeaux bronze.

317. — Flambeau bouillotte à deux lumières, bronze argenté.

318. — Suspension et sa lampe : lanterne de vestibule.

319. — Deux flambeaux Louis XVI, bronze doré.

320. — Deux petits flambeaux bronze.

321. — Deux autres semblables.

322. — Encrier, porte-plume de poche.

323. — Bougeoir Empire.

324. — Deux flambeaux Louis XVI.

325. — Deux coupes et petit encrier Empire. Bronze et marbre de Sienne.

326. — Chenets et galerie Louis XVI.

327. — Brûle-parfums, bronze Japonais.

328. — Encrier Louis-Philippe.

329. — Quatre flambeaux Louis XIV.

330. — Quatre flambeaux et deux petits chandeliers d'Église.

331. — Petite clochette d'Église avec statuette bronze
doré.

332. — Crucifix, garni cabochons,

333. — Quatre clochettes réunies.

334. — Lampe d'église, suspension.

335. — Petite statuette couchée, marbre blanc : Sainte
Cécile.

336. — Deux statuettes de saintes, marbre tendre.
XVIᵉ siècle.

337. — Baiser de paix bronze. Émail du XVᵉ siècle.

338. — Émail de Limoges : la Crucifixion. Signé J. R.
XVIIᵉ siècle. Cadre doré sculpté.

ORNEMENTS D'ÉGLISE

Beaux ornements pour la messe (série complète de couleurs), missel, pupitre, canons d'autel, aubes, sur-
plis, linge d'autel.

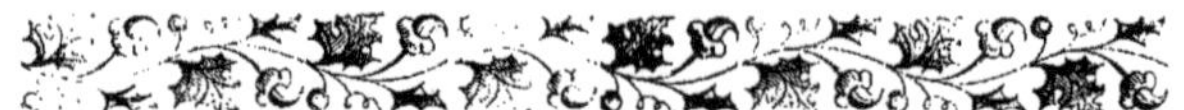

ARGENTERIE

339. — Quarante-huit couverts vieil argent pesant ensemble : 8^{kg},365 grammes, avec armoiries.

340. — Vingt-quatre couverts argent pesant ensemble : 4^{kg},330 grammes, avec armoiries.

341. — Vingt-neuf cuillers à café dont vingt-trois avec armoiries et six marquées : L. V. pesant ensemble : 810 grammes.

342. — Deux cuillers à ragoût, armoiriées. 260 gr.

343. — Quatre cuillers à sauce, armoiriées. 405 gr.

344. — Deux cuillers à compote, armoiriées. 140 gr.

345. — Truelle à poisson, armoiriée. 260 grammes.

346. — Deux cuillers à sucre, armoiriées. 180 grammes.

347. — Deux truelles à beurre. 35 grammes.

348. — Deux fourchettes hors-d'œuvre, manche ivoire. 35 grammes.

349. — Un tire-moelle armoirié. 35 grammes.

350. — Trois pinces à sucre. 190 grammes.

351. — Six brochettes à rognons. 130 grammes.

352. — Une pince à asperges. 190 grammes.

353. — Vingt-quatre fourchettes à huitres. 590 gr.

354. — Trente-six cuillers à sel. 260 grammes.

355. — Cuiller à olives. 145 grammes.

356. — Vingt-trois couteaux à dessert. 300 grammes.

357. — Vingt et un couteaux à dessert acier.

358. — Trente-neuf couteaux de table acier.

359. — Deux couteaux, dont un en argent, manche ivoire.

360. — Casserole. 640 grammes.

361. — Deux intérieurs de légumiers. 855 grammes.

362. — Écuelle à soupe, couvercle bouton. 795 gr.

363. — Petite écuelle, couvercle bouton. 505 grammes.

364. — Écuelle à soupe Louis XVI. bouton chou-fleur. 975 grammes.

365. — Théière. 320 grammes.

366. — Pot à lait. 160 grammes.

367. — Chocolatière. 350 grammes.

368. — Cafetière Louis XV. 720 grammes.

369. — Deux petites cafetières dont une ancienne. 630 grammes.

370. — Trois paniers à théière. 65 grammes.

371. — Quatre plats longs armoiriés. $5^{ks}.125$ grammes.

372. — Dix plats ronds armoiriés. $12^{ks},460$ grammes.

373. — Un broc cristal, couvercle argent.

374. — Service en vermeil comprenant : Trente-six couverts et trente-huit couteaux armoiriés. $7^{ks}.860$ gr. — Deux cuillers à sucre râpé. 220 grammes. — Quatre cuillers à compote. 510 grammes. — Une pince à sucre. 35 grammes. — Dix-huit petites cuillers. 60 grammes. — Poids total : $8^{ks}.585$ gr.

375. — Cuiller à punch, vermeil, 25 grammes.

376. — Chandelier argent. Louis XVI. 205 grammes.

377. — Deux louches, 540 grammes.

PLAQUÉ, RUOLZ
ET MÉTAL ANGLAIS

378. — Deux girandoles à trois lumières, style Louis XVI, bronze argenté.

379. — Dix petites cuillers.

380. — Deux grandes cafetières.

381. — Une bouilloire avec pieds.

382. — Une pince à asperges.

383. — Une paire ciseaux à raisins.

384. — Deux manches à gigot.

385. — Un plateau pour lettres.

386. — Un grand plateau à thé.

387. — Douze réchauds ronds.

388. — Trois réchauds longs.

389. — Deux légumiers.

390. — Deux petites casseroles.

391. — Un plat long.

392. — Six plats ronds.

393. — Huit dessous de carafe.

394. — Un seau à rafraîchir.

395. — Ménagère, métal anglais et cristaux.

396. — Surtout bronze argenté, composé de quatre pièces, époque Empire.

397. — Douze couverts.

398. — Dix couverts à dessert.

399. — Vingt-cinq cuillers à café.

400. — Deux louches.

401. — Ecrin contenant : douze couverts, dix petites cuillers, une cuiller à soupe, une louche.

402. — Un plateau moyen en métal anglais.

403. — Réchaud à bascule.

404. — Sucrier cristal et métal, et une pince.

405. — Porte-rôties.

406. — Six théières.

407. — Corbeille à pain.

408. — Pince à glace.

409. — Dix petits couteaux dorés.

DIAMANTS

410. — Un diadème en brillants, à transformations multiples (faisant broche, peigne, etc.) avec toutes ses armatures, composé de 49 brillants, dont un très gros, et environ 100 roses de différentes grosseurs.

TABLEAUX

411. — Tête de sainte en extase. Petite peinture ovale, fond et cadre doré.

412. — Portrait de M. Louis Le Fèvre, seigneur de Caumartin, garde des sceaux de France, dans un cadre doré et sculpté.

413. — Portrait de Mme la marquise de Beaumont-Villemanzy, cadre doré.

414. — Portrait de Jean Simon, écuyer, seigneur de Claire et de Toufreville dans un cadre en bois doré et sculpté, époque Louis XIV.

415. — Portrait de Jeanne-Marguerite Angeneau, épouse du précédent, même cadre.

416. — Portrait de M. Jean Jacques, marquis de Gallet et de Mondragon ; pastel de Latour, dans un cadre doré et sculpté, époque Louis XVI.

417. — Portrait de M. Jacques, Comte de Villemanzy, pair de France, en costume de cour, par le baron Gros, dans un cadre doré de l'époque.

418. — Portrait de Mme Anne-Marguerite de Courtoux, épouse de François le Pellerin, marquis de Gauville,

école de Nattier, dans un cadre doré et sculpté, époque Louis XV.

119. — Portrait de dame, époque Louis XIV, cadre doré et sculpté.

120. — Portrait de M͏ᵐᵉ Louise-Albertine de Crozat de Thiers, épouse de Victor-François Maréchal, prince duc de Broglie, cadre doré et sculpté, époque Louis XIV.

121. — Portrait de M. le Chancelier de Miromesnil, dans un cadre doré.

122. — Portrait de M. Louis-Charles Le Pellerin de Gauville, chevalier de Malte, commandeur de la commanderie de Troyes, en costume d'armure, dans un cadre sculpté et doré, époque Louis XIV.

123. — Portrait de M. Victor-François, duc de Broglie, prince du Saint-Empire, maréchal de France, dans un cadre sculpté et doré. Époque Louis XIV.

124. — Petit portrait de Bonaparte, attribué à Appiani, dans un cadre doré et sculpté.

125. — Petit portrait de M. le comte Octave de Beaumont, en costume de colonel, cadre doré.

126. — Petit portrait de M. André, marquis de Beaumont, costume Empire, cadre doré.

127. — Petite marine attribuée à Joseph Vernet, cadre doré.

128. — Petit paysage, cours d'eau, cadre doré.

129. — Clair de lune, attribué à Joseph Vernet, petit tableau dans un cadre doré.

130. — Tête de sainte en extase, cadre bois peint.

131. — Peinture représentant une bataille dans le genre de Bourguignon, cadre doré.

132. — Paysage peint sur bois cadre doré.

133-34. — Deux pastels, dames. Époque Directoire.

135-36. — Deux tableaux sur bois, scènes hollandaises, baguette sculptée, dorée.

137-38. — Deux petites marines italiennes.

139. — La Vierge et l'Enfant, peinture italienne, cadre doré.

140. — Portrait de Mme la Comtesse de Lambel, forme ronde, peint sur bois.

141. — Gravure : l'amant surpris, d'après Schall, en couleurs.

142. — Création des oiseaux, peinture sur cuivre, cadre doré, attribuée à Breughle de Velours.

143. — Portrait de Anne de Coutances, épouse de Louis de Savary, chevalier, seigneur et marquis de Lancosme, cadre doré et sculpté, époque Louis XIV.

144. — Portrait de Louis de Savary, chevalier, seigneur et marquis de Lancosme, même cadre.

145. — Portrait de François-Camille de Savary, comte de Brèves, ambassadeur de Louis XIII à Constantinople, cadre Louis XIII doré et sculpté.

146. — Portrait de François Le Gendre, capitoul 1690. Très beau cadre sculpté, dorure de l'époque.

147. — Trois jeunes enfants, époque Louis XV, cadre doré.

148. — Portrait de Louis-César de Tournon, seigneur de

Monteil, capitaine de vaisseau, chevalier de Saint-Louis, cadre doré et sculpté.

149. — Portraits de Claude de la Bonninière, comte de Beaumont et de Marguerite de Gauville, comtesse de Beaumont, époque Louis XV, cadre doré et sculpté.

150. — Portrait de Marc Antoine le Pellerin, marquis de Gauville, en costume d'armure, cadre doré et sculpté, époque Louis XIV.

151. — Portrait de Madeleine Legendre, épouse du précédent, cadre doré et sculpté, époque Louis XIV.

152. — Portrait de Marie-Jeanne-Marguerite de Claire de Toufreville, épouse de Claude Guillaume de la Bonninière de Beaumont, peinture genre Mignard, cadre ovale, doré et sculpté, époque Louis XIV.

153. — Portrait de Sébastien Leprestre, maréchal de Vauban, cadre ovale doré et sculpté, époque Louis XIV.

154. — Femme en prières, cadre doré.

155. — Portrait de dame pastel, cadre doré, époque Louis XVI.

156. — Portrait de dame, époque Louis XV, cadre doré.

157. — Portrait de Louis-Jean-Baptiste Savary, marquis de Lancosme, en armure.

158. — Petit portrait; époque Empire.

159. — Portrait d'homme moderne, cadre doré. Style Louis XV.

160. — Portrait de dame, cadre doré. Style Louis XV, pendant du premier.

461. — Dessus de porte, jeune fille enrubanant un mouton, époque Louis XVI.

462. — Gravure : la mort de Cléopâtre d'après Netscher, cadre doré.

463. — Aquarelle personnage en costume du Directoire, signée Signorini, cadre doré.

464. — Peinture représentant un cours d'eau avec des baigneuses, cadre doré.

465. — Trois toiles décoratives, peinture à la détrempe.

466. — Peinture représentant le Christ sur la Croix, cadre doré.

467. — Christ portant sa croix peinture sur bois, cadre style Louis XV.

468. — Peinture représentant un pêcheur genre de J. Vernet. Cadre Empire.

469. — Peinture représentant la Sainte Famille, baguettes Louis XIV, dorées et sculptées.

470. — Deux ramoneurs par M. H. de Beaumont, cadre chêne à moulures.

471. — Vierge italienne petite peinture sur bois.

GRAVURES

472. — Sous ce numéro seront vendues quantité de gravures noires, gravures de sport anglaises en couleur et tableaux non catalogués.

MINIATURES

473. — Portrait de Nicolas, comte de Miromesnil.

474. — Portrait du chevalier de Miromesnil.

475. — Tête d'homme, blanc sur fond noir.

476. — Portrait d'homme. Empire.

477. — Portrait de Jules de Beaumont. Directoire.

478. — Portrait de Auguste de Beaumont. Directoire.

479. — Portrait de Hélène de Beaumont. Directoire. Signé Cléry.

480. — Portrait de Rose d'Artigné. Directoire. Signé Cléry.

ÉVENTAILS

481. — Lot de sept éventails dont deux en corne découpée, décorés à la gouache. Empire.

TAPISSERIES

482. — Suite de quatre très belles tapisseries, représentant des scènes chinoises, nombreux personnages richement costumés, en très bon état de conservation et magnifique coloris, avec toutes leurs bordures. Beauvais xviiiᵉ siècle. Signées Vernausal. Hauteur commune : 3ᵐ,80. Largeur : deux de 4ᵐ,35, une de 2 mètres, une de 1ᵐ,60.

483. — Ecran en tapisserie de Beauvais.

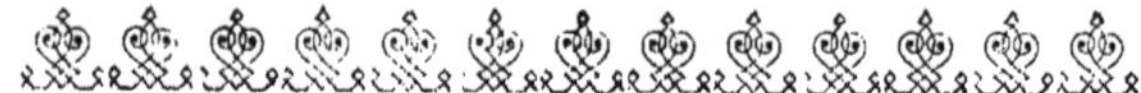

BIBLIOTHÈQUE

**Importante bibliothèque dont les principaux ouvrages
sont :**

L'Armée Française, par Édouard Detaille, en feuilles.

La Vie de Jésus, par J. Tissot, 2 vol. in-f., A. Mame et
Fils, exemplaire n° 195, reliure plein maroquin du
Levant, contre-gardes en maroquin et soie avec fers
spéciaux.

Imitation de Jésus-Christ, traduction de Lamennais. Édi-
tion Gruel-Engelmann. Enluminures en feuilles.

Les Saints Évangiles. In-f.

Défense des versions de l'Écriture-Sainte. 1 vol. in-12.
Cologne, 1690.

Coustumes et Statuts particuliers du royaume de France.
1 vol. in-4. 1551.

Coustumes du pays d'Anjou. In-32.

Observations sur la coustume d'Anjou par Gabriel du
Pineau. In-4. 1656.

Renati Choppini de Legibus Andium municipalibus. 2 vol.
in-4.

Dictionnaire universel de police. 8 vol. in-4.

Coustumes de Touraine. In-4. 1661.

Dictionnaire des sciences. 6 vol. in-f.

Caractères extérieurs des minéraux. Brochure in-f.

Les Jardins par Mangin. In-f.

Dictionnaire technologique. 22 vol. in-8.

Traité et atlas de Cavalerie. In-f.

Nouveaux dessins d'architecture des palais de Rome. In-f.

Description du château de Chambord. In-f.

Gravures. Ancien et Nouveau Testament. In-f.

Museo Pio Clementino. 6 vol. in-f.

Monumenta Romanae Magnitudinis. In-4.

Edifici moderni di Roma. 2 vol. in-4.

Peintures antiques des voûtes souterraines de Rome. In-f.

Verrières du chœur de l'Église Métropolitaine de Tours. In-f.

Dictionnaire français-latin de Trévoux. 8 vol. in-f. 1771.

Dictionnaire universel de Furetière. 3 vol. in-4. 1590.

La Chanson de Roland, par Léon Gautier. In-4.

Œuvres de Châteaubriand. 32 vol. in-8. 1836.

Œuvres de Boileau. In-4. 1798.

Œuvres de Bossuet. 27 vol. in-8. Versailles 1819.

L'Histoire plaisante et cronicque du petit Jehan de Saintré. 3 vol. in-18. 1724.

Virgilius Maro. In-32. Amstelodami. 1725.

Œuvres de Virgile, latin et français. 6 vol. in-12. 1716.

Œuvres d'Horace, latin et français. 2 vol. in-8. 1843.

Senecae Opera omnia. In-24. Amstelodami apud Elzevirios. 1559.

Senecae tragediae. In-4.

Œuvres de Cicéron. latin et français. 30 vol. in-8. 1824.

Ciceronis opera. 8 vol. in-32. Amstelodami. 1558.

Conciones et orationes. Amstelodami apud Danielem Elzevirium. In-24. 1572.

Quinti Curtii historia Alexandri Magni. In-8. 1558.

Titi Livii historiarum quod exstat. In-18. Amstelodami
apud Danielem Elzevirium. 1678.

Commentaires de César. Latin-français. 3 vol. in-4. 1785.

C. Julii Cesarii quae exstant. In-8. Amstelodami. 1697.

Suetonius. In-4. 1672.

Plini historia mundi. In-f. 1535.

Rosini antiquitatum Romanarum corpus absolutissimum.
Amstelodami. 1685.

Gregorii Turonensis episcopi historiae libri decem. In-12.
1510.

Scaligeri epistolae. In-12. 1527.

Divi Augustini libri XIII confessionum. In-32. 1647.

Œuvres de Walter-Scott, traduction française. 32 vol.
in-8. 1830.

Orlando furioso di Ariosto. In-4. Venise. 1562.

Histoire du Don Quichotte, traduction française 6 vol.
in-12. Amsterdam. 1768.

Abrégé de l'Histoire Générale des voyages par la Harpe.
23 vol. in-8.

Voyage illustré dans les cinq parties du monde, par
Joanne. In-f.

Voyage dans l'Empire Ottoman. par Olivier. 6 vol. in-8.

Voyage pittoresque de la Grèce. In-f.

Voyage de Chardin en Perse. 3 vol. in-4.

Atlas par Guillaume de l'Isle. In-f.

Carte de l'état-major, vingt-huit cartons de dix cartes
    chacun.

Atlas de la Généralité de Paris. In-4. 1762.

Grand dictionnaire historique de Moreri. 2 vol. in-f. 1680.

Dictionnaire historique de Moreri. 8 vol. in-f.

Histoire Romaine d'Auguste à Constantin. In-f. 1647.

Table chronologique de l'Estat du Christianisme par Gaul-
    tier. In-f. 1609.

L'Église et l'Empire Romain au IV⁰ siècle, par A. de
    Broglie. 4 vol. in-8.

Histoire des Croisades, par Michaud. 6 vol. in-8.

Les quatre Concordats par de Pradt. 3 vol. in-8.

Histoire Ecclesiastique de Normandie. 4 vol. in-4. 1759.

Les Moines d'Occident par Montalembert. 5 vol. in-8.

Saint Michel et le Mont Saint-Michel, par Mgr Germain.
    1 vol. in-4.

Sainte Elisabeth de Hongrie, par le comte de Monta-
    lembert, 1 vol. in-4.

Hildebert et son temps par Desservillers. In-8.

Histoire de France par Mezerai. 3 vol. in-4. 1643.

Annales de la Monarchie Française par de Limiers. In-f.
    1765.

Médailles du règne de Louis XV.

Essai sur l'Histoire du Tiers-État par Augustin Thierry.
    In-8.

Série de mémoires relatifs à la situation financière à la
fin du règne de Louis XVI.

Histoire de la Révolution Française par Thiers. 10 vol.
in-8.

Histoire des guerres de la Révolution par Jomini. 15 vol.
in-8.

Histoire du Consulat et de l'Empire par Thiers. 20 vol.
in-8.

Les Rues du Vieux-Paris.

Tableau de Paris. 7 vol. in-8.

Paris, Versailles et les provinces au XVIII° siècle. 1 vol.
in-8.

Histoire de Normandie par Masseville. 6 vol. in-12. 1704.

Histoire de Bourgogne par Mille. 3 vol. in-8.

Les ducs de Bourgogne par Valentin. In-8.

Histoire des ducs de Bourgogne par N. de Barante.
12 vol. in-8.

Vendôme et le Vendômois. In-4.

Dictionnaire du Maine par Le Paige. 2 vol. in-8. 1777.

Procès-verbal des séances de l'Assemblée de Haute-
Guienne. In-4. 1784.

Vie de Mgr Saint-Martin de Tours, par Péan-Gatineau,
poëte du XIII° siècle. In-12. 1860.

Vie de Saint-Martin, par Gervaise. In-8. 1799.

La Grille d'argent de Saint-Martin, par Ch. de Grandmaison.

Pillage de Saint-Martin par les Huguenots en 1562, par
Ch. de Grandmaison. In-8. 1863.

Légende de Saint Armel par Baudeville. In-4.

Histoire de la Touraine par Chalmel. 4 vol. in-8.

Promenades en Touraine, par Monteil. 7 vol. in-8. 1861.

Lettres de Henri IV sur la Touraine par le prince Galit-
zine.

Lettres de la ville de Tours de Charles VI à Henri IV.
In-8. 1861.

Rapport au roi sur la Touraine, par Ch. Colbert de Croissy
en 1664. In-8. 1863.

Procès-verbal des séances de l'Assemblée de la généralité de Tours, 12 novembre 1787. In-4.

Procès-verbal des séances de l'Assemblée provinciale de
Touraine, 6 octobre 1787. In-4.

Procès-verbal des séances de l'Assemblée provinciale de
Touraine, 29 octobre 1787. In-4.

La Touraine par l'abbé Bourassé.

Histoire de la maison de Grammont. In-4.

Intérieur d'un château Normand au xix" siècle, par l'abbé
Faucon. In-8.

Dictionnaire de la Noblesse par de la Chesnaye, Desbois
et Badier, 19 vol. in-4.

Archives de la Noblesse par Lainé. 11 vol. in-8.

Armorial de France, par d'Hozier. 2 vol. in-4.

La Noblesse de France aux Croisades par Roger. In-4.

Musée des Croisades par Boudin. 3 vol. in-f.

Armorial de la Noblesse de France par d'Auriac. In-4.

Armorial général de France par d'Hozier. 12 vol. in-f.

Nobiliaire de Normandie par de Magny. In-4.

Liste des Chevaliers des trois vénérables langues de Provence, Auvergne et France. Malte. 1778. In-8.

Liste des Chevaliers des trois vénérables langues de Provence, Auvergne et France. Malte. 1772. In-12.

Recueil de tous les Membres comprenant l'Ordre royal et militaire de Saint-Louis depuis sa fondation (1693), par le comte d'Hozier. In-8. 1817.

Jeanne d'Arc par Wallon. In-4.

Œuvres complètes du Seigneur de Brantôme. 6 vol. In-8.

Mémoires de Ph. de Commines. Elzévir, in-32. 1648.

Lettres historiques du Guy Patin. 5 vol. in-12. Cologne, 1692.

Mœurs et costumes au moyen âge par Lacroix. In-4.

Les arts au moyen âge par Lacroix. In-4.

Vie militaire et religieuse au moyen âge par Lacroix. In-4.

Sciences et lettres au moyen âge par Lacroix. In-4.

Institutions, usages et coutumes au XVIII⁰ siècle par Lacroix. In-4.

Lettres, sciences et arts au XVIII⁰ siècle par Lacroix. In-4.

Histoire philosophique des Établissements des Indes. 7 vol. in-12. La Haye. 1776.

Histoire d'Angleterre par Rapin Toyras. 10 vol. in-4. La Haye. 1728.

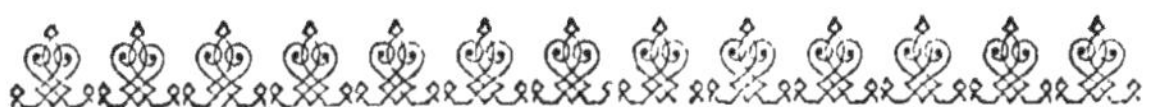

COLLECTION

Collection d'une grande quantité de minerais, pierres, fossiles, etc.

VOITURES, HARNAIS

Victoria couleur foncée.

Coupé.

Phaéton.

Cabriolet.

Dog-Cart.

Grand-break.

Bicyclette acatène.

Nombreux harnais, selles, en très bon état.

VINS & EAUX-DE-VIE

1° **Vins en Cercles :**

1.500 litres vin blanc	. . .	Beaumont, année	1899
500 litres vin blanc	. . .	—	1900
2.400 litres vin rouge	. . .	—	1899
4.500 litres vin rouge	. . .	—	1900

2° **Vins en Bouteilles :**

650 bouteilles vin rouge	. .	Beaumont, année		1896
270 — vin rouge	. .	—	—	1899
140 — vin blanc	. .	—	—	1894
681 — vin blanc	. .	—	.	1896
260 — vin rouge	. .	Bordeaux,	—	1896
520 — vin blanc	. .	—	—	1898
568 — vin blanc	. .	—	—	1899
680 — Bordeaux, pour coupage.				
200 — Podenas, rouge	. . . .		—	1898
2.096 — Grand vin de Château-Latour,				
années	. . . . . .	. 1850 à	1898	
2.300 — Vin de Château-Latour pressé,				
années	. . . . . .	. 1889 à	1899	
49 — Vin de Château-Latour blanc,				
années	. . . . . .	. 1844 à	1865	
444 — Vouvray	. . . . . .	—	1893	
277 — Virelade blanc	. . . .	—	1897	
290 — — pressé	. . . .	—	1897	
230 — Marsala.				
290 — Camaldules blanc.				
140 — Moscatel.				
130 — Alicante.				
127 — Marsala, Château-Yquem, Volney,				
Frontignan.				
546 — Vins divers.				

3° **Environ 800 litres eau-de-vie en fûts :**

4° **Eaux-de-vie en bouteilles :**

66 bouteilles eau-de-vie de marc.			
90 — eau-de-vie d'Armagnac.			
6 — fine champagne.			
28 — Genièvre.			
30 — eau-de-vie et kirsch.			

OBJETS DIVERS

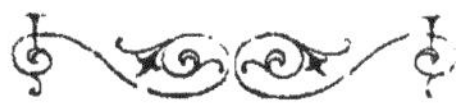

Alambic Estève B, modèle 1895, avec régulateur et colonne à plantes. (Besnard, constructeur).

Romaine-bascule Marlin, pour le pesage des fûts. avec tréteau mobile, force 1.000 kilos.

Pompe à incendie (système Thirion), avec tous ses accessoires.

TOURS, IMPRIMERIE DESLIS FRÈRES.